The Art Coloring Book

나만의 세계위인전

거인

기획 박윤선

스스로 색칠하고 꾸미는!
나만의 세계위인전

초판 1쇄 인쇄 2018년 7월 1일
초판 1쇄 발행 2018년 7월 5일

그림 박윤선

펴낸곳 도서출판 거인
발행인 박형준
책임편집 안성철
편집디자인 박윤선
마케팅 이희경 김경진
등록번호 제 2002-000121호
주　소 서울시 마포구 와우산로 48 로하스타워 803호
전　화 02-715-6857 | 02-715-6858(팩스)

값은 표지에 있습니다.

스스로 색칠하고 꾸미는!

나만의 세계위인전

기획 박윤선

발명왕 에디슨

"천재는 99%의 노력과 1%의 영감으로 이루어진다."

미국의 발명가 토머스 에디슨은 특허 수가 1,000종이 넘을 정도로 많은 발명품을 만들어 냈어요. 에디슨의 발명품들로 인해 우리의 생활은 더욱 편리해지고 발전할 수 있었답니다.

출생, 사망 : 1847. 2. 11 ~ 1931. 10. 18
국적 : 미국

에디슨이 만든 최초의 영사기. 연속한 그림을 한장씩 빠르게 돌려 움직이는 것처럼 보이게 했어요.

토머스 에디슨은 어려서부터 호기심과 상상력이 풍부한 어린이였어요. 달걀을 품어 부화시키려고 했던 일화가 유명하지요.

축음기

에디슨의 발명품들로 인해 오늘날 우리는 밤에도 밝게 생활할 수 있으며, 텔레비전과 영화 같은 재미난 볼거리들도 많아졌답니다.

노예해방선언 "국민의, 국민에 의한, 국민을 위한 정부."

링컨

에이브러햄 링컨은 미국의 제16대 대통령으로 남북 전쟁에서 북군을 승리로 이끌고 노예제도 폐지를 주장함으로써 노예로 사고 팔리던 흑인들에게 자유를 얻게 해주었어요.

출생, 사망 : 1809. 2. 12 ~ 1865. 4. 15
국적 : 미국

링컨대통령이 미국인들에게 가장 존경받게 된 이유는 지금의 미국을 완성했기 때문이에요.

"우리는 우리에게 남겨진 위대한 과제, 즉 명예롭게 죽어간 용사들이 죽음을 두려워하지 않고 헌신했던 것을 위해 우리도 더욱 헌신해야 합니다.
그리고 그들의 희생이 결코 헛되지 않도록 이 나라가 자유롭게 다시 탄생할 것이며
국민의, 국민에 의한, 국민을 위한 정부는 이 세상에서 결코 사라지지 않으리라는 것을 다짐해야 할 것입니다."

← 게티스버그 연설문 중 일부

게티스버그 연설 →

음악의 성인 베토벤

"고난과 시련에 흔들리지 않는 것, 이것은 진정 뛰어난 인물이라는 증거다."

독일의 음악가 루트비히 판 베토벤은 귀가 들리지 않는 장애가 생겨 많은 고난과 역경이 있었어요. 하지만 음악에 대한 열정으로 슬픔을 극복하고 훌륭한 작품들을 남겨주었지요.

출생, 사망 : 1770. 12. 17 ~ 1827. 3. 26
국적 : 독일

1824년 54세에 그의 마지막 작품이자 가장 유명한 걸작품인 교향곡 제9번 〈합창〉을 작곡했어요.

생애 최고의 걸작 일부는 완전히 소리를 들을 수 없게 된 마지막 10년 동안에 작곡되었지요. 교향곡 제3번 〈영웅〉 교향곡 제5번 〈운명〉 등은 모두 이때 탄생된 대작들이에요.

→ 오스트리아 빈에 있는 베토벤의 묘지

미생물학의 아버지
파스퇴르

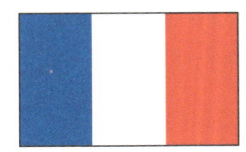

"내가 목표에 달성한 비밀을 말해줄게요. 나의 강점은 바로 끈기랍니다."

루이 파스퇴르는 전염병을 막아주는 예방접종 법을 개발하였어요. 우리는 예방접종을 함으로써 감염을 예방하고 큰 위험에서 벗어날 수 있게 되었답니다.

출생, 사망 : 1822. 12. 27 ~ 1895. 09. 28
국적 : 프랑스

파스퇴르식 저온 살균법이라는 기술로 질병을 일으키는 세균이 없는 우유를 마실 수 있게 되었어요.

파스퇴르는 백신을 개발하였어요.
백신이란 예방접종을 하는데 사용되는 약한 균을 말해요.
병에 걸리기 전에 아주 힘이 없는 나쁜 균을 몸에 투입하면 그 나쁜 균을 죽이기 위해 우리 몸 안에서는 싸울 준비를 하게 되지요. 그래서 진짜 강한 나쁜 균이 들어왔을 때 균을 이겨내 병에 안걸릴 수 있도록 도와주는 것이랍니다.

라듐의 발견
마리 퀴리

"라듐이 범죄자들 손에 들어가면 위험물질이 됩니다."

마리 퀴리는 물리학자이자 화학자였어요. 방사능 연구를 하여 최초로 방사성 원소 폴로늄과 라듐을 발견하여 노벨 물리학상, 노벨 화학상을 받았답니다.

출생, 사망 : 1867. 11. 7. ~ 1934. 7. 4
국적 : 폴란드 출생, 프랑스 국적

최초의 여성 노벨상 수상.
최초로 노벨상 2번 수상.
최초의 여성 대학교수.
여성 최초로
역대 위인들이 묻혀 있는
팡테옹 신전(국립 묘지)에
묻혔어요.

마리 퀴리는 항상 몸에 라듐을 지니고 다녔고, 실제 그녀의 죽음은 엄청난 양의 방사선 때문이라고 전해집니다. 마리 퀴리가 40년 동안 쏘인 방사선의 양은 일상생활의 약 600억 배에 달하는 엄청난 양이 었다고 합니다.

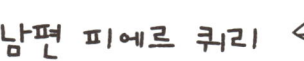

남편 피에르 퀴리

곤충박사 파브르

"나는 살아 있는 것을 연구한다."

장 앙리 파브르는 프랑스의 곤충학자예요. 가난했지만 끊임없이 다양한 곤충들과 식물들을 관찰, 연구하여 30년동안 10권의 《곤충기》를 썼답니다.

출생, 사망 : 1823. 12. 22 ~ 1915. 10. 11
국적 : 프랑스

땅에 기어다니는 벌레 연구로, 미친 사람 취급당하기도 했지요. 그리고 벌의 귀소본능을 실험하기 위해 멀리 나간 벌을 어지럽게 하기 위해 통에 넣어 빙글빙글 돌리기도 했답니다.

쇠똥구리

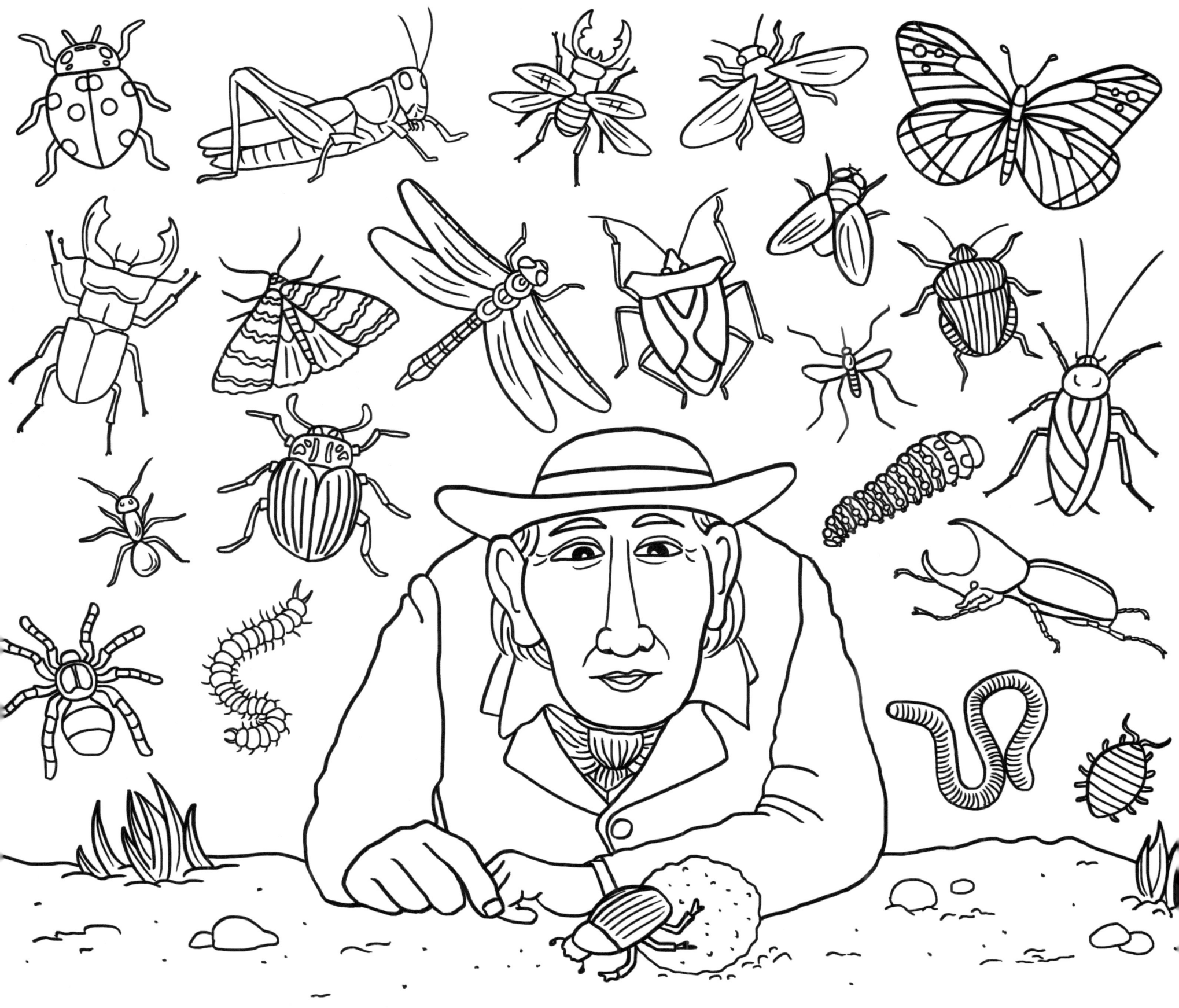

블랙홀이론 호킹

"삶은 웃기지 않다면 비극이었을 것이다."

스티븐 윌리엄 호킹은 아인슈타인을 잇는 천재 물리학자예요. 리살이라는 젊은 나이에 전신 근육이 마비되는 루게릭 병에 걸렸지만 블랙홀, 빅뱅이론 등 뛰어난 업적을 남겼어요.

출생, 사망 : 1942. 1. 8 ~ 2018. 3. 14
국적 : 영국

"고개를 들어 하늘의 별을 보세요. 여러분의 발만 보지 말고 여러분이 보는 것이 무엇인지 이해하고 무엇이 우주를 존재하게 하는지 궁금해 하길 바랍니다. 호기심을 가지세요."

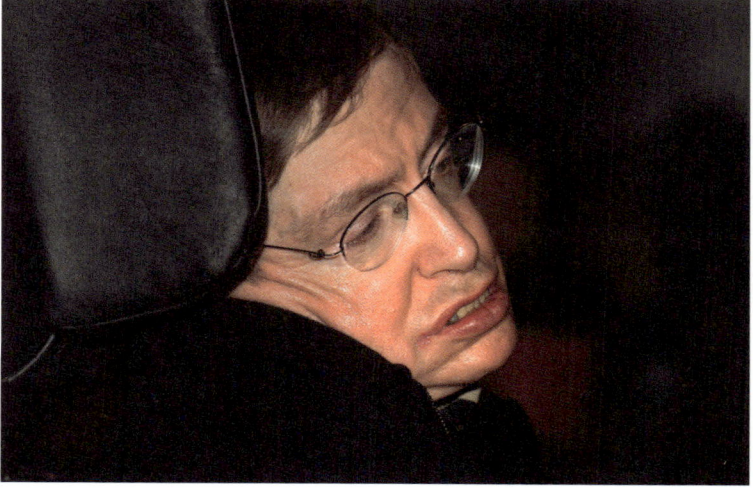

블랙홀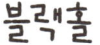

가장 인기있고 가장 많이 팔렸으면서도 가장 읽히지 않은 과학책 〈시간의 역사〉의 지은이, 휠체어 위의 천재, 우주의 진실에 가장 가까이 가 있는 인간, 등등 숱한 수식어를 달고 다니는 스티븐 호킹.

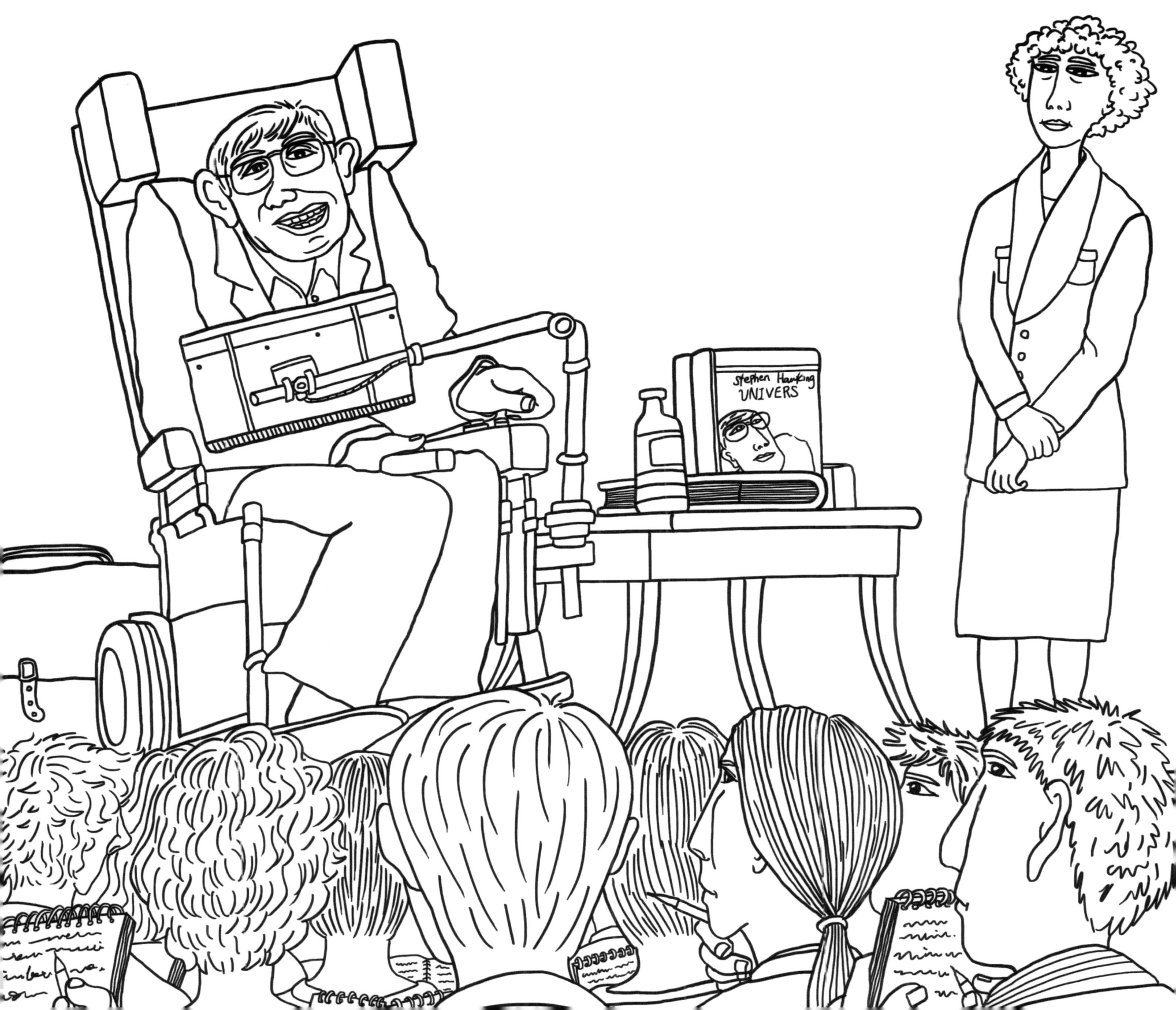

풍운의 혁명가
나폴레옹

"내 사전에 불가능이란 없다."

나폴레옹 보나파르트는 코르시카 출신의 하급귀족으로 프랑스 혁명의 혼란한 시대 속에서 탁월한 군사적 재능을 통해 유럽을 석권하고 황제 나폴레옹 1세가 된 인물이에요.

출생, 사망 : 1769. 8. 15 ~ 1821. 5. 5
국적 : 프랑스

⟨알프스 산맥을 넘는 나폴레옹⟩

유년기에 나폴레옹은 조용한 성격을 가졌으며, 하루 종일 독서에 심취하였어요. 특히 ⟨플루타르코스 영웅전⟩을 즐겨 읽었다고 하지요.

개선문
프랑스군의 승리와 영광을 기념하기 위해 황제 나폴레옹 1세의 명령으로 건립되었어요.

광명의 천사
나이팅게일

"천사는 아름다운 꽃을 퍼뜨리는 사람이 아니라, 고뇌하는 사람을 위해 싸우는 사람일 것이다."

플로렌스 나이팅게일은 영국의 간호사예요. 크림 전쟁에서 보여준 종군 간호사로서의 희생적이고 헌신적인 간호활동으로 간호사의 대명사로 알려졌어요.

출생, 사망 : 1820. 5. 12 ~ 1910. 8. 13
국적 : 영국

↱ 1854년 크림전쟁에서의 나이팅게일

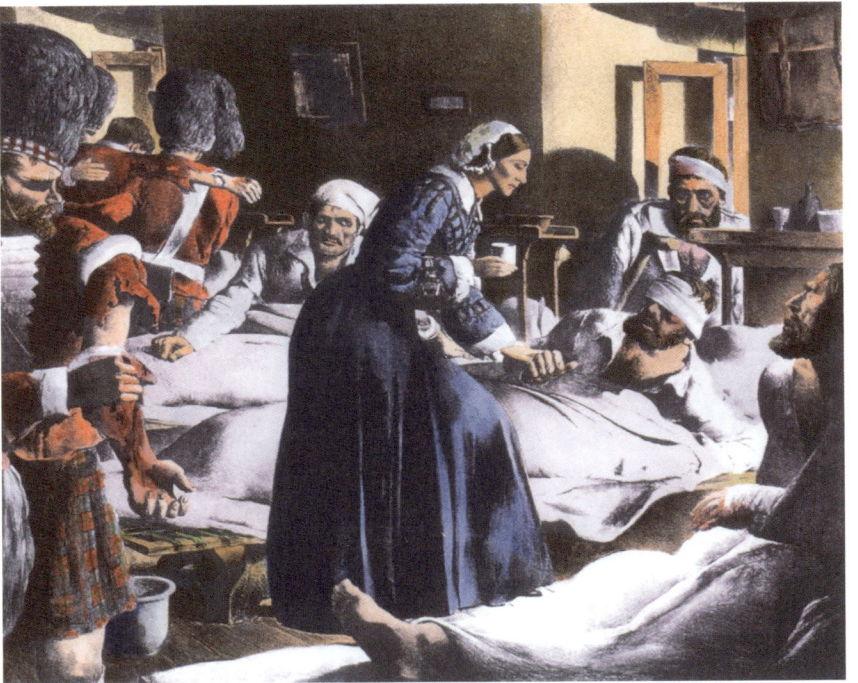

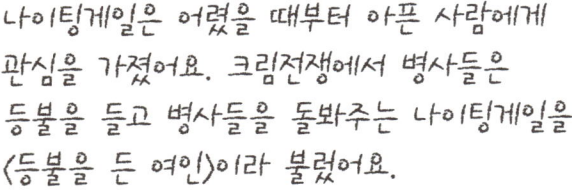

나이팅게일은 어렸을 때부터 아픈 사람에게 관심을 가졌어요. 크림전쟁에서 병사들은 등불을 들고 병사들을 돌봐주는 나이팅게일을 〈등불을 든 여인〉이라 불렀어요.

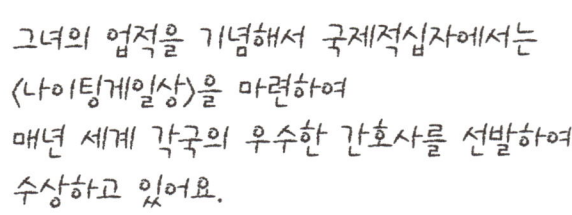

그녀의 업적을 기념해서 국제적십자에서는 〈나이팅게일상〉을 마련하여 매년 세계 각국의 우수한 간호사를 선발하여 수상하고 있어요.
〈나이팅게일 선서〉는 간호사의 좌우명으로도 유명하지요.
그녀의 활동은 앙리 뒤낭의 적십자 창설의 동기가 되었답니다.

최초의 비행
라이트형제

"꿈이 그만한 가치가 있다고 믿는다면 꿈만 좇는 바보처럼 보여도 좋을 것입니다."

1903년 짧은 시간이지만 동력을 이용하여 조종 가능한 비행기로 최초로 비행했으며, 1905년 실용적인 비행기를 제작하여 비행했어요.

출생, 사망 : 윌버 라이트 1867. 4. 16 ~ 1912. 5. 30   오빌 라이트 1871. 8. 19. ~ 1948. 1. 30
국적 : 미국

윌버 라이트   오빌 라이트

최초의 비행기 모형

라이트형제는 그당시 원시적인 유럽 항공기 기술에 대변혁을 일으켰고 비행기가 공중에서 어떻게 제어되는지를 전세계에 보여주었어요.

전화기의 발명
벨

"성공과 실패의 차이는 실행하는 능력에 달려 있다."

알렉산더 그레이엄 벨은 최초의 실용적인 전화기의 발명가로 널리 알려져 있지요. 유선전화기로 시작한 전화기의 역사는 현재의 인공위성을 이용한 최신형 스마트폰으로 발전했어요.

출생, 사망 : 1847. 3. 3 ~ 1922. 8. 2
국적 : 미국

1876년 벨에 의해 발명된 최초의 실용적인 전화기

최고의 천재
아인슈타인

"나는 똑똑한 것이 아니라 단지 더 오래 고민할 뿐이다."

알베르트 아인슈타인의 상대성 원리와 중력에 관한 이론들은 뉴튼 물리학을 넘어서는 엄청난 진전이었고 과학적 탐구와 철학적 탐구에 혁명을 일으켰어요.

출생, 사망 : 1879. 3. 14 ~ 1955. 4. 18
국적 : 독일

↙ 젊은 시절의 아인슈타인

$E=mc^2$

물질이 엄청난 양의 에너지로 바뀔 수 있다는 에너지-질량 방정식

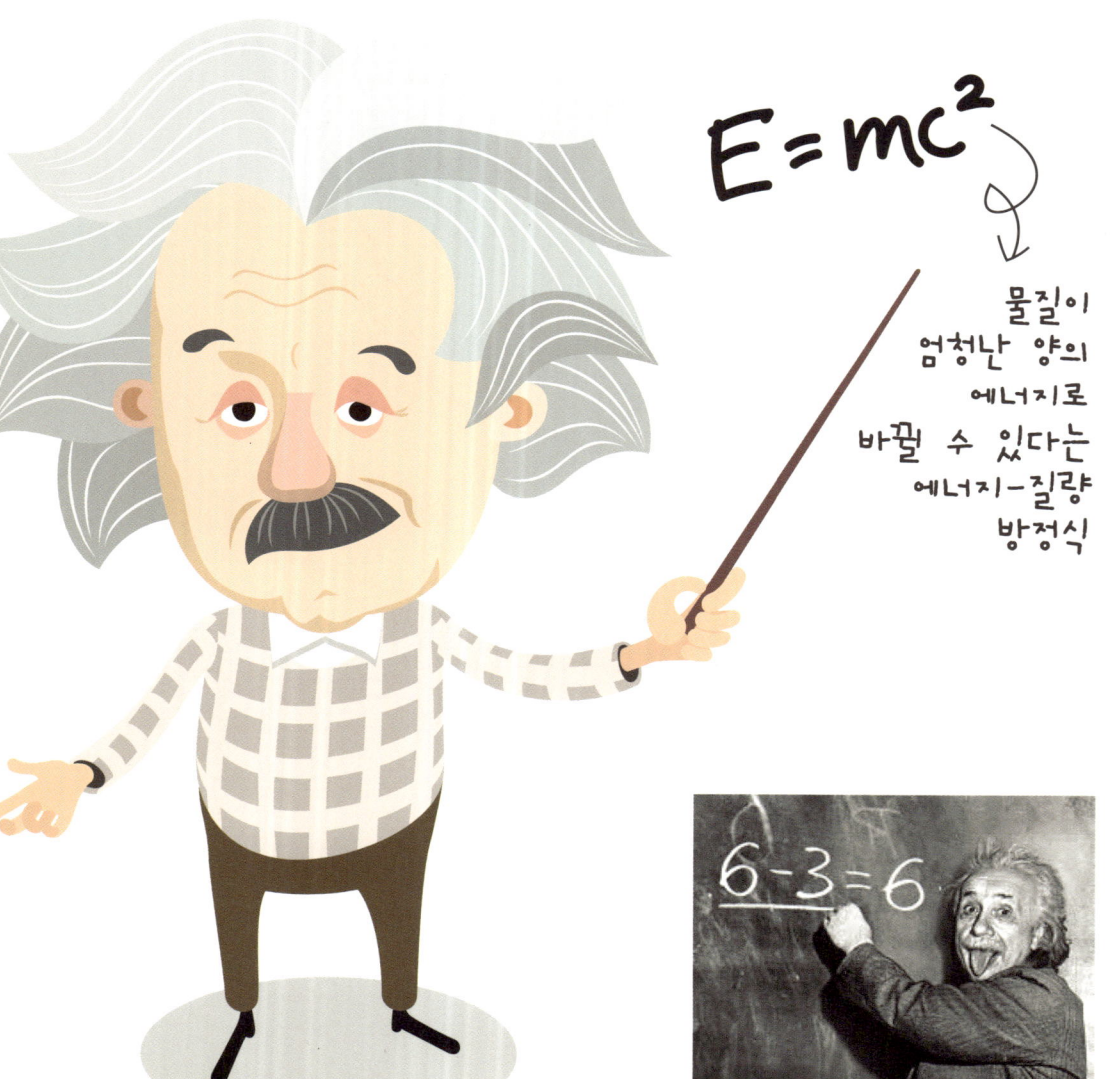

혁신의 아이콘 잡스

"매일 최후처럼 살면, 언젠가 당신은 가장 옳은 사람이 될 것이다."

스티브 잡스는 애플사의 창업자예요. 매킨토시 컴퓨터와 같은 혁신적인 기술과 디자인으로 무장한 개인용 컴퓨터를 개발해 보급했고, 아이폰을 통해 스마트폰 시대를 이끌었어요.

출생, 사망 : 1955. 2. 24 ~ 2011. 10. 5
국적 : 미국

잡스는 개인용 컴퓨터가 대중들에게 광범위한 호응을 얻게 될 것임을 알아차린 최초의 기업가였어요.

예전의 애플 로고

인도의 아버지
간디

"미래는 현재 우리가 무엇을 하는가에 달려 있다."

1920년, 마하트마 간디는 영국에 대한 불복종 운동을 결의했어요. 〈사티아그라하〉로 불리는 비폭력, 무저항, 불복종 운동이었어요. 영국인이 운영하는 모든 기관에서의 거부를 포함했지요.

출생, 사망 : 1869. 10. 2 ~ 1948. 1. 30
국적 : 인도

1930년에는 영국이 인도인들에게 영국의 소금을 비싼값에 쓰라고 강요하였어요. 그러자 간디는 직접 소금을 만들기 위해 매일 해안으로 걸어가는 〈소금 행진〉을 시작했지요.

물리적인 저항은 없었지만 가장 강력한 메시지를 띤 인도인의 저항이었으며 인도인의 협동이었어요.

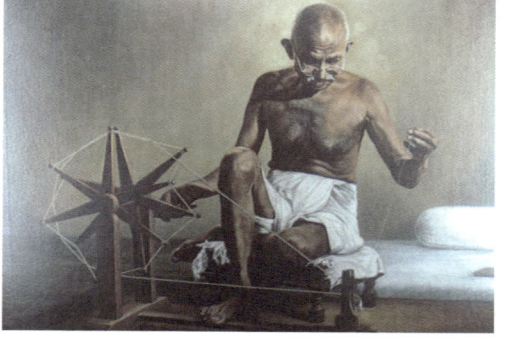

세계적 영화감독 스필버그

"가장 위대한 업적은 아이같은 호기심에서 탄생한다. 마음 속 어린아이를 잘 간직해라."

스티븐 스필버그는 〈죠스〉로 블록버스터 영화 시대를 열었어요. 그는 〈미지와의 조우〉와 〈E.T.〉로 SF 영화의 활성화에 기여를 했지요. 또한 〈인디아나 존스〉 시리즈로 오락영화의 진수를 보여주었어요.

출생, 사망 : 1946. 12. 18 ~
국적 : 미국

→ 영화 E.T.

스티븐 스필버그는 13살때부터 40분짜리 단편영화를 만들었을 정도로 영화에 푹 빠져 있었어요.
호기심 가득한 꼬마 감독이 세계적인 영화감독의 대명사이며 할리우드 및 블록버스터 영화를 대표하는 거장이 되었답니다.

투자의 귀재 "작은 돈을 아껴야 큰 돈을 번다."

워런 버핏

워런 버핏은 미국의 기업인이자 투자가예요. 뛰어난 투자실력과 기부활동으로 인해 〈오마하(워런 버핏의 고향)의 현인〉이라고 불려요. 2010년, 워런 버핏은 세계 3번째 부자로 선정되었답니다.

출생, 사망 : 1930. 8. 30 ~
국적 : 미국

워런 버핏은 어릴 때부터 경제 교육이 중요하다고 말했어요. 또한, 독서와 시간 관리를 강조하며 시간을 아끼는 사람이 진짜 부자라고 했어요.
그 외에도 친구, 자신만의 원칙 등을 중요하게 생각하라고 조언했답니다.

↗ 회장으로 있는 투자회사 버크셔 해서웨이

천재 건축가 가우디

"직선은 인간의 선이고 곡선은 신의 선이다."

안토니 가우디는 스페인을 대표하는 천재 건축가예요. 그는 주로 자연에서 영감을 얻어 곡선을 많이 사용했으며, 섬세한 장식과 강렬한 색이 조화를 이룬 독창적인 건축물들을 남겼답니다.

출생, 사망 : 1852. 6. 25 ~ 1926. 6. 10
국적 : 스페인

바르셀로나에는 사그라다 파밀리아 성당 외에도 구엘 공원, 카사 바트요 등 가우디의 대표적인 건축물들이 있답니다.

가우디의 대표적인 건축물 사그라다 파밀리아 성당이에요. 그의 모든 것을 바쳤지만 완성된 모습을 보지 못하고 죽었어요. 성당은 여전히 공사 중에 있답니다.

비운의 화가 고흐

"영혼의 화가, 빛의 화가, 해바라기의 화가."

빈센트 반 고흐는 네덜란드의 후기 인상주의 화가로 주요작품은 〈자화상〉과 〈해바라기〉, 〈별이 빛나는 밤에〉 등이 있어요. 가장 위대한 화가 중 한 사람으로 높이 평가받고 있지요. 하지만 그가 살아 있는 동안에는 인정을 받지 못해 가난과 정신적 질환 등의 어려움 속에 외롭게 그림을 그렸답니다.

출생, 사망 : 1853. 3. 30 ~ 1890. 7. 29
국적 : 네덜란드

해바라기

자화상

별이 빛나는 밤

지금은 고흐의 작품이 세계에서 가장 비싼 가격의 그림에 속하는 등 높은 평가를 받고 있지만 고흐가 살아 있는 동안에는 인정을 받지 못했어요. 그의 그림을 좋아하는 사람들이 별로 없었기 때문이지요. 자살로 사망할 때까지 10년간 800여 점의 유화와 700점이 넘는 스케치를 남겼답니다.

영원한 챔피언 알리

"나비처럼 날아서 벌처럼 쏜다. 눈에 보이지 않는 것은 주먹으로도 못 친다."

무하마드 알리는 미국의 복싱 선수였어요. 아마추어 시절 로마올림픽 라이트 헤비급에서 우승함으로써 주목을 받았으며 3번이나 세계 헤비급 챔피언이 된 유일무이한 선수이지요.

출생, 사망 : 1942. 1. 17 ~ 2016. 6. 3
국적 : 미국

"불가능이란, 세상을 쉽게 살기 위해서 시원찮은 사람들이 만든 말이다. 불가능은 팩트가 아니다. 의견일 뿐이다."

무하마드 알리는 미국의 인종차별 문제를 위해 끊임없이 저항하고 노력하며 흑인으로서 자부심을 잃지 않은 영원한 챔피언이었답니다.

소니 리스톤과의 경기에 승리하며 세계 헤비급 복싱 챔피언이 된 무하마드 알리.

최초의 세계일주
마젤란

"지구는 둥글다."

페르디난드 마젤란은 지구가 둥글다는 것을 증명한 사람이에요. 마젤란 덕분에 한 방향으로 계속 나아가면 결국엔 다시 출발했던 곳으로 돌아온다는 주장이 맞다는 것을 알게 되었답니다.

출생, 사망 : 1480 ~ 1521. 4. 27
국적 : 포르투갈인으로 스페인에 망명

실제 마젤란의 모형 배

필리핀에서 죽음을 맞이한 마젤란

스페인을 출발해 남아메리카에서 마젤란 해협을 발견하고, 태평양을 횡단했어요. 비록 마젤란은 필리핀에서 죽음을 당했지만, 그의 배는 계속 스페인을 향해 서쪽으로 항해를 하여 최초로 세계일주에 성공했답니다.

동화의 아버지
안데르센

"인생은 가장 아름다운 동화다."

한스 크리스티안 안데르센은 덴마크의 동화 작가예요. 전세계 어린이들이 좋아하는 〈미운 오리 새끼〉, 〈성냥팔이 소녀〉, 〈인어 공주〉, 〈벌거벗은 임금님〉 등 재미있고 감동적인 동화를 남겼답니다.

출생, 사망 : 1805. 4. 2 ~ 1875. 8. 4
국적 : 덴마크

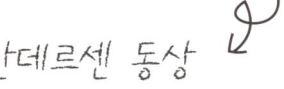
안데르센 동상

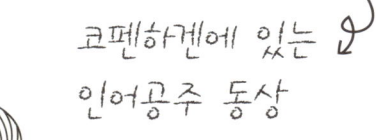
코펜하겐에 있는
인어공주 동상

너 자신을 알라
소크라테스

"그것이 정말로 악법일지라도 그것을 지키는 일은 시민의 의무이다."

그리스의 철학자이자 아테네 시민이에요. 문답을 통해 사람의 무지를 깨닫게 하는 것으로 유명해요. 혼란해진 아테네에는 새로운 스승이 절실히 필요했는데, 그가 바로 소크라테스였어요. 그러나 그를 시기하던 사람들은 신을 모독하고 청년을 타락시켰다며 사형에 처하게 했지요. 죽으면서 소크라테스는 〈악법도 법이다〉라고 말했답니다.

출생, 사망 : BC 470 ~ BC 399
국적 : 아테네도시국가(그리스)

세상에서 가장 지혜로운 사람은 자기가 아무것도 모르고 있다는 것을 알고 있는 사람이다.

다비드의 소크라테스의 죽음

현대과학의 아버지 뉴튼

"내 앞엔 아직 모습을 드러내지 않은 거대한 진리의 바다가 남아 있다."

아이작 뉴튼은 나무에서 떨어지는 사과를 무심코 바라보면서 의문이 생겼어요. '사과는 왜 하필이면 땅으로 떨어질까? 하늘로 날아가거나 다른 방향으로 떨어지지 않는 것일까?' 뉴튼은 지구의 중력이 원인임을 발견하였고 이것을 설명하는 이론인 만유인력의 법칙을 세우게 됩니다.

출생, 사망 : 1642. 12. 25 ~ 1727. 3. 20
국적 : 영국

← 뉴튼의 사과

$F = ma$

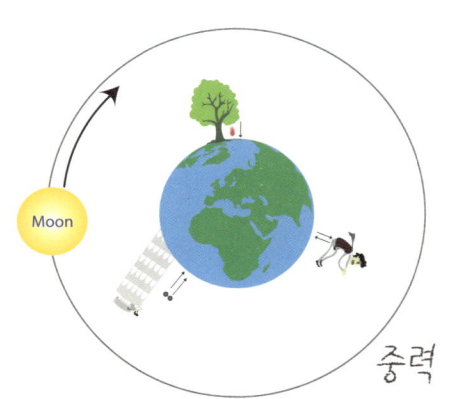

중력

Isaak Newton.

아프리카의 성자
슈바이처

"진정으로 행복할 수 있는 사람은 어떻게 베풀지를 아는 사람이다."

독일의 의사, 음악가, 철학자, 개신교 신학자이자 루터교 목사예요. 중앙아프리카 서부 지역의 랑바레네에 알베르트 슈바이처 병원을 세우고 당시 비참한 상태에 있던 아프리카 사람들에게 평생 의료봉사를 했답니다.

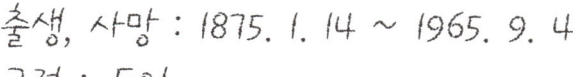

출생, 사망 : 1875. 1. 14 ~ 1965. 9. 4
국적 : 독일

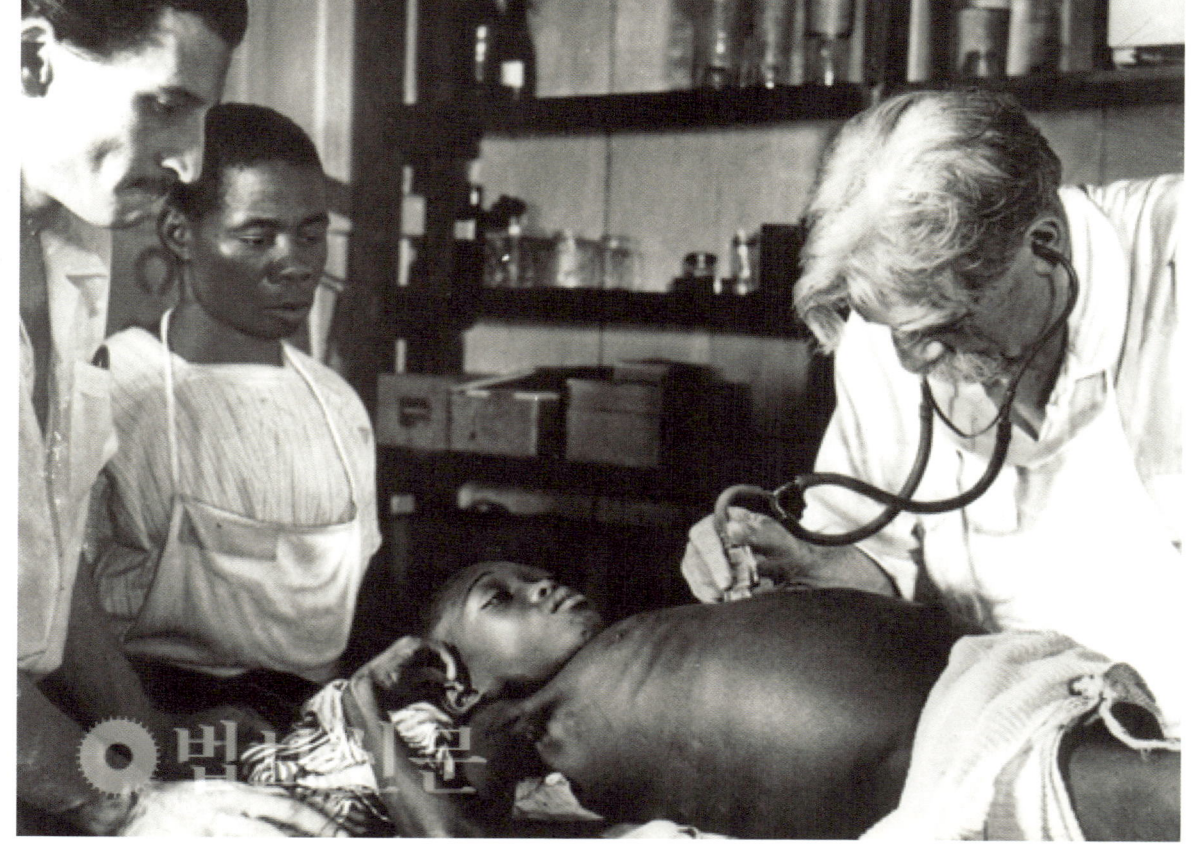

슈바이처 박사는 피부병으로 살이 썩어 들어가는 환자, 열병으로 신음하는 환자, 굶주림으로 고통받는 환자들을 위해 밤낮없이 뛰어다녔어요.

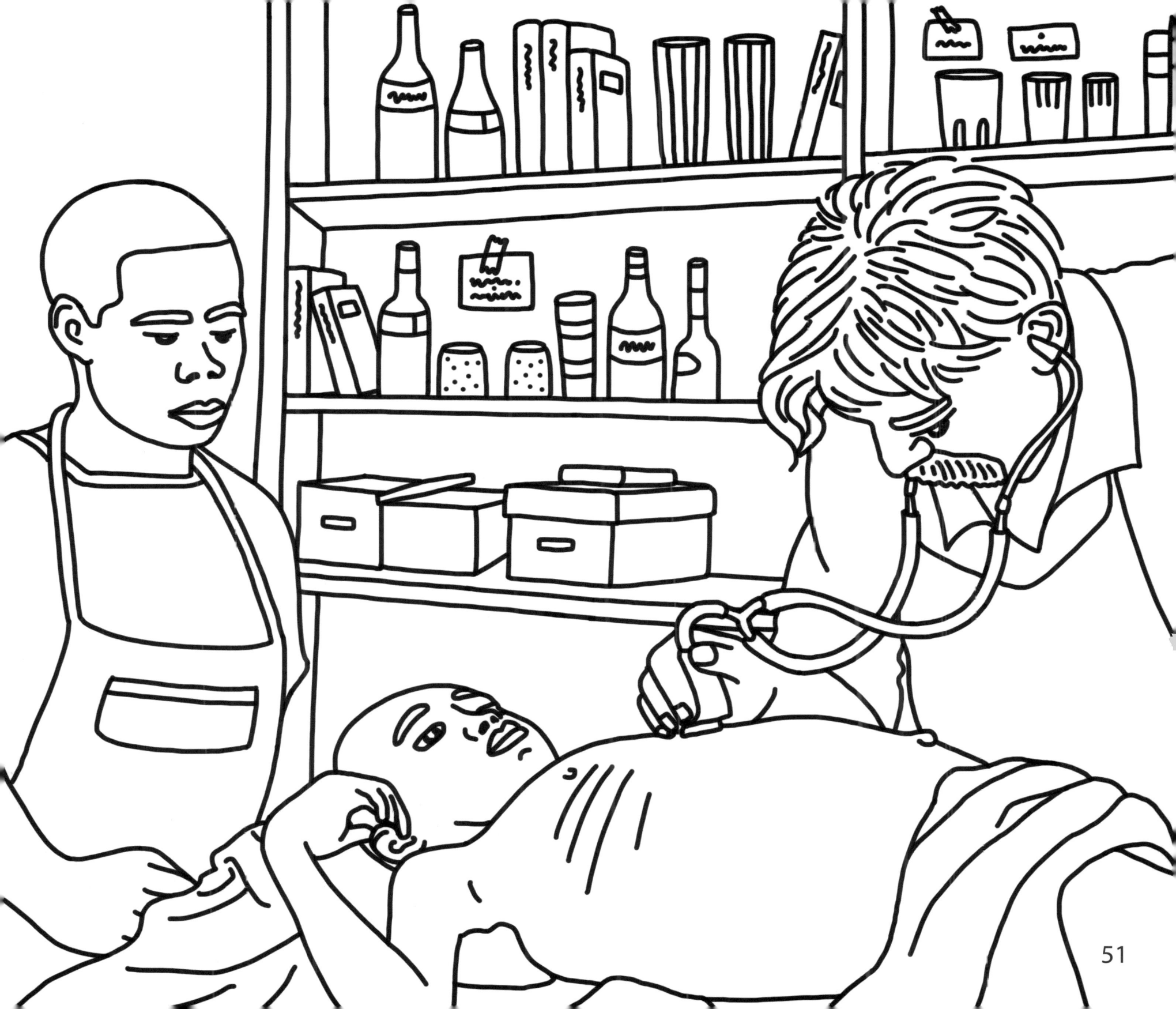

정신분석학의 창시자
프로이트

"정신이란 빙산과 같다. 정작 보이는 건 7분의 1도 안된다."

지크문트 프로이트의 정신분석학은 인간의 정신 및 정신병 치료에 관한 이론인 동시에 문화와 사회를 해석하는 시각을 제공한답니다.

출생, 사망 : 1856. 5. 6 ~ 1939. 9. 23
국적 : 오스트리아

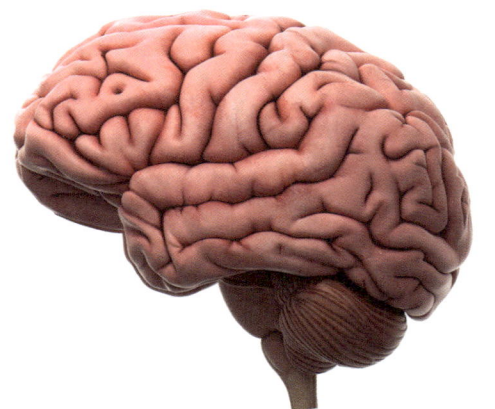

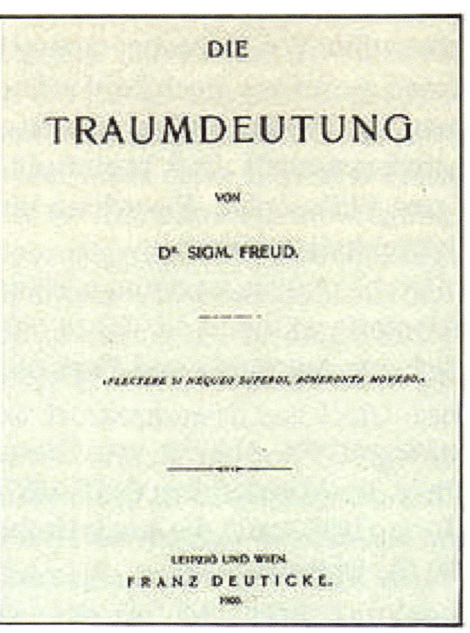

1899년에 발간된 그의 책 《꿈의 해석》은 정신분석학을 만든 이론과 생각의 기초를 확립했어요.

진화론의 창시자 "강한 자가 살아남는 것이 아니다. 변화하는 자가 살아남는다."

다윈

찰스 다윈은 생물의 진화를 주장하고, 자연선택에 의해 새로운 종이 기원한다는 자연선택설을 발표했어요. 그의 진화론은 <종의 기원에 관하여>라는 책에서 발표된 것인데, 당시의 과학 및 종교에 많은 영향을 주었어요..

출생, 사망 : 1809. 2. 12 ~ 1882. 4. 19
국적 : 영국

<종의 기원>을 탄생시킨 갈라파고스섬의 이구아나

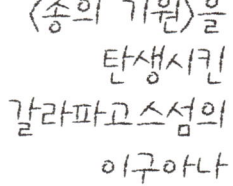

당시 사람들은 다윈을 원숭이로 풍자하며 진화론을 비웃었어요.

기부천사
빌 게이츠

"인생은 원래 공평하지 못하다."

빌 게이츠는 미국의 마이크로소프트사 설립자이자, 기업인이에요. 어렸을 때부터 컴퓨터 프로그램을 만드는 것을 좋아했던 그는 하버드 대학교를 자퇴하고 폴 앨런과 함께 마이크로소프트사를 공동으로 창립했어요.

출생, 사망 : 1955. 10. 28 ~
국적 : 미국

20년 동안 하루에 약 50억 원씩 기부한 빌 게이츠 회장

안네의 일기
안네

"전 세계 65개 언어로 번역 출판되었다. 이 이야기는 전 세계인에게 감동을 주었다."

안네 프랑크는 독일 나치의 박해를 피해 가족들과 함께 암스테르담에 숨어지내면서 2년 동안 일어난 일들을 일기로 기록했어요. 1947년 아버지 오토 프랑크는 이것을 《어린 소녀의 일기》라는 제목으로 출판하였답니다.

출생, 사망 : 1929. 6. 12 ~ 1945. 3. 12
국적 : 독일

↱ 안네의 일기 원본

《안네의 일기》는 긴장이 감도는 은신처에서 사춘기 소녀가 겪는 슬픔과 고통, 희망과 사랑의 감정이 고스란히 기록되어 있어요.

차례

발명왕 **에디슨**　최고의 천재 **아인슈타인**

노예해방선언 **링컨**　혁신의 아이콘 **잡스**　현대과학의 아버지 **뉴튼**

음악의 성인 **베토벤**　인도의 아버지 **간디**　아프리카의 성자 **슈바이처**

미생물학의 아버지 **파스퇴르**　세계적 영화감독 **스필버그**

라듐의 발견 **마리퀴리**　투자의 귀재 **워런 버핏**

곤충박사 **파브르**　천재 건축가 **가우디**　정신분석학의 창시자 **프로이트**

블랙홀이론 **호킹**　비운의 화가 **고흐**　진화론의 창시자 **다윈**

풍운의 혁명가 **나폴레옹**　영원한 챔피언 **알리**　기부천사 **빌 게이츠**

광명의 천사 **나이팅게일**　최초의 세계일주 **마젤란**

최초의 비행 **라이트형제**　동화의 아버지 **안데르센**

전화기의 발명 **벨**　너 자신을 알라 **소크라테스**　안네의 일기 **안네**